KB102314

_____ 님의 소중한 미래를 위해
이 책을 드립니다.

**세네카의
인생론**

인 생 의
짧 음 과
마 음 의
평 정 에
대 하 여

세네카의
인생론

루키우스 안나이우스 세네카 지음 | 정영훈 엮음 | 정윤희 옮김

메이트북스

메이트북스 우리는 책이 독자를 위한 것임을 잊지 않는다.
우리는 독자의 꿈을 사랑하고,
그 꿈이 실현될 수 있는 도구를 세상에 내놓는다.

세네카의 인생론

초판 1쇄 발행 2019년 6월 3일 | **초판 5쇄 발행** 2023년 6월 25일
지은이 루키우스 안나이우스 세네카 | **엮은이** 정영훈 | **옮긴이** 정윤희
펴낸곳 ㈜원앤원콘텐츠그룹 | **펴낸이** 강현규·정영훈
책임편집 안정연 | **편집** 박은지·남수정 | **디자인** 최선희
마케팅 김형진·이선미·정채훈 | **경영지원** 최향숙
등록번호 제301-2006-001호 | **등록일자** 2013년 5월 24일
주소 04607 서울시 중구 다산로 139 랜더스빌딩 5층 | **전화** (02)2234-7117
팩스 (02)2234-1086 | **홈페이지** matebooks.co.kr | **이메일** khg0109@hanmail.net
값 12,000원 | **ISBN** 979-11-6002-235-3 03100

이 도서의 국립중앙도서관 출판시도서목록(CIP)은 e-CIP홈페이지(http://www.nl.go.kr/ecip)에서
이용하실 수 있습니다.(CIP제어번호: CIP2019019571)

지나간 과거를 쉽게 잊고, 주어진 현재의 시간을 소홀히 하며,
미래의 시간을 두려워하는 자들의 인생은
짧고 불안할 수밖에 없다.

• 루키우스 안나이우스 세네카 •

짧은 인생을 살아가는
현대인을 위한 철학서

고대 스토아 철학파의 대가로 불리는 루키우스 안나이우스 세네카는 〈인생의 짧음에 대하여〉와 〈마음의 평정에 대하여〉라는 산문을 통해서 우리에게 많은 가르침을 남겨주었다. 이 편역서는 이 2개의 산문을 한 권으로 엮어 펴낸 책이다.

세네카는 자신의 삶에 만족하지 못하는 사람들을 위해서 마음의 평정을 가지는 것이 중요하다고 주장한다. 언제 어디서든 마음의 평정만 유지할 수 있다면 스스로의 삶에 만족할 수 있으며, 이는 죽음과 불행을 염두에 두고 살아갈 때만이 가능하다. 또한 세네카는 지나친 욕심과 쓸데없는 일로 인생을 허비하고 있는 사람들에게도 따끔한 지적을 남겼다. 값진 인생을 산다는 것은 비단 얼마나 오래 사느냐가 아니라 얼마나 알찬 시간을 보내느냐에 따라 결정된다는 것이다. 철학을 통해서 역사적으로 위대한 현인들과 교류하고 이들의 경험을 통해 자신에게 주어진 인생을 더욱 소중하게 보내라고 충고한다.

로마 시대 당시 벌어졌던 여러 가지 음모와 투쟁, 그리고 광기 어린 행동을 직접 겪어왔던 세네카는 어떻게 하면 인간의 심리를 꿰뚫고 이들을 구원할 수 있을지 고민해온 철학가로 불린다. 그가 속했던 스토아 학파도 마음과 행복, 화와 용서, 돈과 명예, 노년과 죽음, 인생에 대한 현실적인 명제들에 대한 질문과 해답을 찾으려고 노력했다.

우리는 마음의 평온을 찾고 건강하게 오랫동안 살기 위해 고군분투한다. 열심히 일하면서 언젠가 평온하고 안정된 삶을 살수 있을 거라고 꿈꾸지만 살면서 닥치는 갖가지 고난을 이기지 못하고 좌절하기도 한다. 어느 정도 살 만한가 싶을 때 병에 걸

리거나 죽음이 가까이 닥쳐서 슬퍼하는 사람도 있다.

세네카의 충고처럼, 진정한 미덕을 추구하며 나에게 주어진 삶이 그저 하늘이 준 선물이라고 여기고 언제든 주인에게 내어줄 수 있다는 생각으로 살아간다면 어떨까? 작은 것에 연연하지 않고 욕심을 버리고 숭고한 목표를 위해 나아간다면, 한없이 허무하게만 느껴졌던 삶을 다른 시각에서 볼 수 있을 것이다.

이 책을 읽으면서 자신을 뒤돌아보고 반성할 수 있는 계기를 얻을 수 있을 것이다. 세네카의 진심 어린 충고와 이성적인 고찰을 통해서 행복한 인생을 영위할 수 있는 계기 또한 얻기를 바란다. 마지막으로 편역서의 특성 상 시대적·역사적·문화적으로 지나치게 거리가 먼 부분은 일부 삭제하고, 가장 필요한 알맹이만 골라서 소개하게 되었음을 알려드리는 바다.

정영훈

잠을 자거나 깨어 있는 순간에도 인생은 같은 속도로 흐를 테고

인생의 끝자락에 이르러서야 이를 깨닫게 될 것이다.

Lucius Annaeus Seneca

· 1장 ·

사용법만
잘 익히면
인생은
충분히 길다

1

순식간에 삶이 끝난다며
불평하는 사람들

많은 사람들이 자연의 짓궂은 섭리에 대해 불만을 토로한다. 극히 제한적인 수명을 타고나는 것도 모자라서 그 짧은 생마저 눈 깜짝할 사이 정신없이 지나가버리기 때문이다. 그 때문에 극소수의 사람들을 제외하고는 대부분 인생을 준비하다가 어느 순간 삶의 끝자락에 도달하고는 한다.

지극히 평범한 사람들과 무지한 대중들만 이런 보편적인 자연 현상에 대한 안타까움을 눈물로 호소하는 것은 아니다. 한때 두각을 나타냈던 유명인들조차 인생의 덧없음에 대해 불평한 바 있다. 그래서 가장 유명한 의술가 히포크라테스도 "인생은 짧고 예술은 길다."라고 외쳤던 것이다.

2

누구에게는 삶이 짧지만
누구에게는 충분히 길다

철학자 아리스토텔레스도 '인생의 짧음'이라는 자연의 섭리에 대해 불만의 목소리를 높인 바 있다.

"자연은 동물에게 인간의 다섯 배, 열 배가 넘을 만큼 넉넉한 수명을 주었다. 하지만 엄청난 업적을 성취하는 인간에게는 아주 짧은 수명을 정해주었다."

3

수명의 짧음이 아니라
시간 낭비가 문제다

사실 수명이 짧은 것이 문제가 아니라 대부분의 시간을 낭비한다는 것이 문제다. 인생은 충분히 길고 제대로 잘 활용한다면 위대한 과업을 이루고 남을 정도로 충분하다. 하지만 방탕을 일삼고 무관심하게 살며 옳지 못한 목적을 위해 시간을 소비한다면, 자기도 모르게 인생이 바람처럼 지나가버린다. 결국 죽음이라는 마지막 관문 앞에 도달했음을 너무 늦게 깨닫고 만다.

4

인간이 수명을
짧게 타고난 것은 아니다

결과적으로 인간이 수명을 짧게 타고난 것이 아니라 스스로 짧게 만드는 것이고, 인생이 짧은 것이 아니라 스스로 낭비하고 있는 것이다. 주체할 수 없을 정도로 엄청난 부를 가져도 주인을 잘못 만나면 금세 바닥나고 미미한 재산이라도 주인을 잘 만나면 금세 불어나듯이, 우리가 타고난 수명도 적절히 활용한다면 충분히 풍요롭게 사용할 수 있다.

5

타고난 수명도
잘 활용하면 충분히 길다

왜 자연에게 불평을 늘어놓는가? 자연은 우리에게 자애로움을 베풀었고 제대로 사용하는 법만 익힌다면 인생은 충분히 길다.

그런데도 어떤 사람은 끝도 없이 탐욕을 부리고, 어떤 사람은 아무짝에도 쓸모없는 목표에 매달린다. 술에 취해 흥청거리는 사람이 있는가 하면, 게으름에 찌들어 매일 빈둥거리는 사람도 있다. 어떤 사람은 끝없이 타인의 평가에 휘둘리며 명예를 얻으려 애쓰고, 어떤 사람은 돈에 대한 욕망에 눈이 멀어 바다와 육지를 떠돌며 방황한다. 어떤 사람은 타인에게 위협적인 존재가 되고 싶은 욕망에 사로잡혀 타인을 위협하며 전투욕을 불태우고, 또 어떤 사람은 누가 시키지 않았는데도 자기보다 잘난 사람을 맹목적으로 보필하며 하인 노릇을 하느라 진땀을 뺀다.

6

인생의 방향이 없다면
가짜 인생에 불과하다

많은 사람들이 다른 사람이 가진 부를 빼앗으려고 혈안이 되어 있거나 자기가 가진 것에 대한 불만을 늘어놓는다. 또한 언제나 불만에 쌓여 있으며 한 가지 목표를 정하지 않고 매번 새로운 목표를 세우면서 변덕스럽게 행동한다. 어떤 사람들은 일정한 인생의 방향을 정하지 않고 반쯤 잠든 상태로 무기력하게 살아가다가 한순간 죽음의 포로가 되기도 한다.

우리는 어느 위대한 시인이 한 말에서 인생의 진리를 찾을 수 있다. "우리가 진정으로 살아가는 것은 그저 일부분에 지나지 않는다." 나머지 것들은 진짜 인생이 아니라 그저 시간일 뿐이다.

자연은 우리에게 자애로움을 베풀었고

제대로 사용하는 법만 익힌다면 인생은 충분히 길다.

7

욕망의 포로가 되면
인생은 한없이 짧아진다

우리는 수많은 악덕들의 틈새에서 압박을 받는다. 이러한 악덕들은 우리가 자리에서 일어나 진리를 똑바로 직시할 수 없도록 방해한다. 또한 우리를 욕망의 포로로 만들어버린다.

욕망의 포로가 되어버리면 다시는 우리 자신으로 돌아갈 수 없게 된다. 만약 잠시나마 마음의 평온을 찾을 수 있는 기회를 얻는다고 해도 폭풍이 지나간 바다 위로 넘실거리는 파도처럼 여전히 좌우로 휩쓸릴 뿐이므로 욕망으로부터 완전히 자유로워질 수 없다.

8

부유함이 사람들에게
짐이 되고 있다

이 모든 이야기들이 이미 악덕의 포로가 된 사람들에 대한 것이라고 생각하는가? 행운을 붙잡은 사람들을 구경하려고 구름처럼 몰려든 사람들을 보라. 그들은 자신이 가진 축복 속에서 질식 상태가 되어가고 있다. 부유함이 수많은 사람들에게 짐이 되고 있는 것이다. 얼마나 많은 사람들이 본인의 힘을 과시하고 재능을 선보이기 위해서 피 말리는 노력을 하고 있는가! 얼마나 많은 사람들이 끝없는 쾌락으로 핏기를 잃어가고 있는가!

제일 낮은 곳에 있는 사람부터 가장 높은 곳에 있는 사람까지, 하나하나 자세히 살펴보라. 어떤 사람은 변호인의 도움을 구하며, 다른 사람은 그 도움에 응답하며 어떤 사람은 피고의 자리에 서고, 다른 사람은 그를 변호하고 또 다른 누군가는 그의 죄를 판결하는 자리에 있다.

스스로를 위해 사는 사람은 하나도 없고 다들 다른 사람을

위해 에너지를 소모한다. 누구라도 알 법한 유명인들의 경우를
자세히 살펴보라. A가 B를 찬양하고, B는 C를 찬양하는 식으로
각자의 성격에 따라 역할이 나뉘어져 있다.

9

스스로에게 만족할 수 없어
타인을 갈구하는 사람들

가끔은 말도 안 되는 불만을 토로하는 사람들도 있다. 평소 우러러보던 누군가를 만나고 싶은데 상대가 바쁘다는 핑계로 만나주지 않았다는 것이다. 스스로를 위한 시간도 내어주지 않으면서 다른 사람이 거만하게 굴었다는 이유로 불만을 토로하는 것이 가능한 일인가? 어쨌거나 당신을 쳐다봐주었고, 아무리 거만하게 굴었더라도 그 말에 귀를 기울여주고 옆자리를 내어주지 않았던가! 반대로 우리는 스스로를 들여다보고 자신 안의 소리에 귀를 기울이는 것을 가치 없는 일로 여겨왔다.

그렇기에 자신조차 하지 못한 일을 해주지 않았다고 타인을 비난할 이유는 없을 것이다. 왜냐하면 그건 누군가의 벗이 되고 싶은 마음이 아니라 스스로에게 만족할 수 없기 때문에 타인을 갈구하는 것에 불과하기 때문이다.

10

자기 인생을 왜 쉽게
남의 손에 내어주는가?

각 세대를 풍미했던 지식인들이 이 문제를 해결하기 위해 머리를 모은다고 해도, 인간의 정신 속 어두운 미스터리를 확실하게 설명할 수는 없을 것이다. 자기가 가진 재산을 누가 넘본다고 해서, 혹은 아주 사소한 문제만 생겨도 돌을 들고 무기를 찾는 것이 바로 인간이라는 족속이다. 하지만 타인이 자기 인생에 끼어들도록 내버려두고, 심지어 순순히 자기 인생을 남의 손에 내어주는 경우는 어떻게 설명할 수 있을까?

아무리 푼돈이라도 남에게는 인색한 사람들이 정작 자기 인생은 아낌없이 내어준 것이다. 재산을 나눌 때는 구두쇠처럼 굴면서 타인에게 시간을 낭비하는 것에는 너그럽기 한이 없다. 오히려 시간을 지키기 위해 탐욕스러워야 마땅한 일인데도 말이다.

우리는 스스로를 들여다보고 자신 안의 소리에

귀를 기울이는 것을 가치 없는 일로 여겨왔다.

11

그간 스스로를 위해 쓴
시간을 계산해보자

삶의 마지막을 얼마 남겨두지 않은 노인을 붙잡고 이렇게 묻고 싶다.

"당신은 이제 삶의 끝자락에 와 계시군요. 백 세 혹은 그 이상의 나이가 당신을 짓누르고 있습니다. 지금까지 인생을 돌이켜 생각해보시면 어떨까요? 얼마나 많은 시간을 채권자에게 빼앗겼는지요? 얼마나 많은 시간을 애인에게 또 후원자에게, 그리고 부부싸움을 하느라 빼앗겼습니까? 얼마나 많은 시간을 도시를 활보하는 것에 보냈나요? 거기에 본인의 잘못으로 생긴 질병을 더하고 하릴없이 낭비한 시간까지 더해보면 기대했던 것보다 훨씬 적은 시간만 남을 겁니다.

당신이 확고한 계획을 세웠던 시간을 헤아려보고, 자신이 의도한 대로 흘러간 날이 얼마나 적은지, 스스로를 위해 할애한 시간이 얼마나 되는지 계산해보십시오. 언제 자연스러운 표정을 지었고, 언제 두려움에 떨지 않았고, 또 지금까지 오랜 세월을 살면서 어떤 것을 성취했는지, 당신이 모르는 사이에 얼마나 많은 사람들이 당신의 인생을 빼앗았고, 아무 근거 없는 고통과 어리석은 쾌락, 탐욕스러운 욕망과 사회 활동으로 얼마나 많은 것을 잃었는지, 이제 당신에게 남은 것이 얼마나 적은지를 헤아려보세요. 그러면 아직 때가 되지도 않았는데 벌써 인생을 마감하게 되었다는 사실을 깨닫게 될 겁니다."

12

평생 살 수 있는 것처럼
행동하지 마라

왜 우리는 이런 삶을 자초하는가? 우리는 평생 살 수 있는 것 처럼 행동한다. 본인의 나약함을 인지하지 못하며 얼마나 많은 시간이 흘러가버렸는지도 인지하지 못한다. 끝없이 샘솟는 우 물에서 시간을 퍼다 쓰기라도 하듯 시간을 낭비하고 있는 것이 다. 누군가를 위해 혹은 무언가를 위해 할애하는 그날이 바로 마지막 날이 될 수도 있는데 말이다.

우리는 유한한 존재처럼 모든 것을 두려워한다. 그러면서도 무한한 존재라도 된 것처럼 온갖 것을 갈구한다.

13

인생을 마감할 순간에
새 삶을 시작하지 마라

많은 사람들이 입을 모아 이렇게 말할 것이다. "내 나이가 쉰이 되면 현업에서 은퇴할 것이고 예순이 되는 해에는 모든 업무에서 손을 뗄 겁니다." 그렇지만 그만큼 오래 살 수 있다는 보장이 어디 있을까? 우리가 바라는 대로 모든 것이 이루어지리라는 확신은 어디서 생기는 것인가?

아무짝에도 쓸모없는 다소간의 시간만을 남겨두고 좋은 세월을 낭비한다면 정말 부끄러운 일이 아닌가? 인생을 마감해야 할 순간에 새로운 삶을 시작한다면 너무 늦지 않겠는가? 그때까지 살 수 있을지 없을지도 모르는 상황에서 쉰의 나이, 예순의 나이가 되어서야 제대로 삶을 설계해서 살겠다고 말하다니, 인간이 유한한 존재라는 것을 망각한 어리석은 발상이 아니고 무엇이겠는가!

Lucius Annaeus Seneca

· 2장 ·

여유로운 삶을
갈망하고
꿈꾸는
사람들

14

가진 부보다 더 중요한 것은
여유로운 삶이다

　여러분은 최고의 권력을 얻고 높은 명성을 얻은 사람들도 자신이 가진 부보다 여유로운 삶을 갈망하고 꿈꾼다는 사실을 깨닫게 될 것이다. 또 그들은 별다른 위험만 없다면 아찔한 정상에서 내려오고 싶어한다. 행운이란 외부의 공격을 받거나 충격으로 흔들리지 않더라도 그 자체의 무게만으로 스스로 무너져 내리기도 하기 때문이다.

15

언젠가 스스로를 위해서
살 수 있을 거라는 희망

신으로 추앙받는 아우구스투스 황제는 누구보다 신에게 많은 축복을 받았지만 언제나 안식을 추구했고, 공적인 업무에서 벗어나 자유롭기를 원했다. 그의 대화는 언제나 '자유를 향한 희망'이라는 주제로 끝이 나고는 했다. 언젠가 스스로를 위해서 살 수 있을 것이라는, 자칫 헛될 수도 있는 달콤한 위안에 기대어 어려운 공무를 해결하는 데 박차를 가할 수 있었다.

최고의 권력을 얻고 높은 명성을 얻은 사람들도 자신이 가진 부보다

여유로운 삶을 갈망하고 꿈꾼다는 사실을 깨닫게 될 것이다.

16

행복의 실체를 손에
잡아볼 수 없는 사람들

아우구스투스 황제가 원로원에 보낸 편지를 보면, 추후 자신이 공직에서 물러나 은퇴한 후에도 위엄을 잃지도, 과거의 영광에 반하지도 않을 것이라고 말한 바 있다. 또한 다음과 같은 구절이 실려 있다.

"그저 희망을 표현하는 데 그치는 것보다 직접 실천해 보이는 편이 더욱 가치 있을 것이오. 하지만 아직 그 행복의 실체를 손에 쥘 수 없는 탓에 이렇게라도 미래에 대한 갈망을 곱씹으면서 미리 즐거움을 느끼고 기쁨을 맛보는 것이라오."

17

모든 것이 오롯이
자신에게 달려 있다

현실적으로는 한가로운 삶을 즐길 수 없었기 때문에 그저 꿈을 꾸는 것만으로도 행복할 수 있는 것이다. 아우구스투스 황제는 모든 것이 오롯이 자신에게 달려 있음을 알고 있었다. 그래서 한 국가와 민족의 운명을 좌우하는 중책을 맡고 있으면서도 언젠가 공직에서 물러나 여유롭게 살날을 그리며 나름대로 소소한 즐거움을 누렸던 것이다.

18

엄청난 부를 가졌지만
한시도 쉴 수 없다면

마르쿠스 키케로는 몰락하는 국가를 지키기 위해서 무던히 애를 쓰다가 결국 함께 휩쓸려가고 말았다. 엄청난 부를 가졌지만 한시도 쉴 수 없었고, 온갖 역경을 겪으며 끝내 참아내지 못했다. 물론 충분히 그럴 만한 이유가 있었지만 평소 자랑을 늘어놓았던 집정관이라는 자신의 직책을 저주하지 않을 수 없었다.

19

반포로 신세가 되어서
살아가는 사람들

폼페이우스가 전쟁에서 패한 뒤, 그의 아들이 스페인에서 흩어진 패잔병들을 하나둘 불러 모았을 때 키케로가 친구 앗티쿠스에게 보낸 서신에는 참으로 애잔한 내용이 담겨 있다. "내가 여기서 무얼 하고 있느냐고 물었나? 나는 반포로의 신세가 되어서 투스쿨룸에 있는 시골집에서 기거하고 있다네." 키케로는 지난 시절에 대한 푸념을 늘어놓으며 앞으로 다가올 절망적인 미래에 대해 토로했다.

20

누구에게도 종속되지 않는
스스로의 주인이 되자

키케로가 말했던 '반포로 신세'라는 표현을 살펴보자. 현인
이라면 절대 그런 식으로 스스로를 비하하지 않을 것이다. 현
인은 절대 반포로 신세가 되지 않는다. 언제나 온전한 자유를
누리고 누구에게도 종속되지 않으며, 스스로의 주인이 되어 평
범한 이들보다 높은 곳에 존재한다. 한낱 운보다 높은 곳에 있
는 사람 그 위에 무엇이 존재할 수 있을까?

21

어릴 때부터 단 하루도
쉬지 못했다고 말하는 사람들

활동적이고 기운이 넘치는 호민관 리비우스 드루수스를 생각해보자. 그는 이탈리아 각지에서 몰려든 수많은 군중의 지지를 한 몸에 받으며 새로운 법안을 발의하고 개혁을 추진했다. 그러다 자신의 정책이 성공적인 결과를 가져올 수 없게 되고 이제와 멈출 수도 없게 되자 태어난 후부터 한 번도 평온할 날이 없었던 자기 인생을 저주하기 시작한다.

그는 어릴 때부터 단 하루도 쉬지 못했다고 말했다. 실제로 리비우스 드루수스는 성년기에 접어들기도 전, 소년의 토가*를 입고 재판정에서 피고인을 변호하며 배심원들의 마음을 흔들었고 그 결과 몇 번의 재판에서 승소하는 데 커다란 영향력을 행사했다고 알려져 있다.

• 로대 로마의 남성이 시민의 표시로 입던 낙낙하고 긴 옷

현인은 언제나 온전한 자유를 누리고 누구에게도 종속되지 않으며,

스스로의 주인이 되며 평범한 이들보다 높은 곳에 존재한다.

22

어릴 적부터 야망에 눈뜨면
파멸은 당연하다

어릴 적부터 야망에 눈을 떴으니 리비우스 드루수스에게 어떤 한계가 존재할 수 있었을까? 지나치게 조숙한 대담성이 결국 사적으로도 공적으로도 엄청난 파멸을 가져오리라는 것을 어느 정도 짐작할 수 있지 않은가? 소년 시절부터 논쟁을 일삼고 토론장에서 목소리를 높이던 그는 어릴 적부터 하루도 쉬어본 적이 없다는 불평을 너무 늦게 털어놓은 것이다.

그가 스스로 목숨을 끊었는지에 대해서는 여전히 논쟁의 여지가 있다. 갑자기 복부의 통증을 호소하며 쓰러져버렸기 때문이다. 그가 자살한 것인지도 모른다는 의혹은 남아 있지만 적절한 때 세상을 떠났다는 점에 대해서는 일말의 의혹도 남아 있지 않다.

23

뒤늦은 푸념으로는
아무것도 바뀌지 않는다

모두에게 더없이 행복한 모습으로 그려졌으나 정작 평생 동안 해온 일들을 후회한다고 발언했던 인물들을 굳이 언급할 필요는 없을 것이다. 리비우스 드루수스의 뒤늦은 푸념은 그 스스로도, 다른 사람들도 변화시키지 못했다. 잠시 불만만 늘어놓았을 뿐 곧바로 평소 생활로 돌아가버렸기 때문이다.

24

인생이 아무리 짧더라도
충만하게 살아갈 수 있다

비록 천 년이 넘는 세월을 살아야 한다고 해도 우리 인생은 찰나에 지나지 않을 것이다. 이는 자명한 진실이다. 인간의 악덕은 수없이 길고 긴 시간을 한입에 집어삼킬 것이 분명하다.

인생이 눈 깜짝할 사이 손가락 사이로 빠져나가는 것이 아무리 자연스러운 일이라고 해도 이성을 통해 이를 충분히 연장시킬 수 있다. 그럼에도 시간은 재빨리 도망치려고 들 것이다. 왜냐하면 인간은 흘러가는 시간을 붙잡거나 멈추려고 하지도 않으며, 언제든 다른 것으로 대신할 수 있는 것처럼 혹은 그걸로 충분한 것처럼 세월이 가는 대로 방관하고 있기 때문이다.

Lucius Annaeus Seneca

· 3장 ·

오늘 하루를
인생의
마지막 날인
것처럼

25

어리석은 것에 몰두하며
헛된 꿈에 사로잡힌 사람들

먼저 술과 욕정에 모든 시간을 할애하는 사람들에 대한 이야기를 시작해보자. 이들보다 더 어리석은 것에 몰두한 자들이 있을까? 야망이라는 헛된 꿈에 사로잡힌 자들만 해도 겉보기에는 그럴싸해 보인다. 이렇듯 탐욕이나 화, 혹은 부당한 증오심과 전쟁에 집착하는 자들의 이름을 열거해보면 호전적이라는 변명의 여지라도 있을 텐데, 자기 발로 욕정에 완전히 굴복해버린 자들의 불치병은 그저 불명예스러운 것에 지나지 않는다.

26

시간을 허비함에도
숨 쉴 틈조차 없다

술과 욕정에 찌든 자들이 얼마나 많은 시간을 허비하고 있는지 자세히 살펴보자. 온갖 술수를 꾸미고 두려움에 떨며 주색을 찬양하고 흥청망청 시간을 보내며 음주를 즐기고 헛돈을 주고받으며 일상처럼 술자리를 즐긴다. 그들의 행동이 좋게 보이건 나쁘게 보이건, 누가 봐도 숨 쉴 틈조차 없이 빡빡하게 흘러가고 있다는 것을 알 수 있다.

27

배움에는
평생이 걸린다

    일이 너무 많아서 분주한 사람들은 웅변이나 학문의 영역을 제대로 수행할 수 없다고들 한다. 온갖 것들 때문에 산만해지면 어떤 것도 제대로 흡수하지 못하고 억지로 음식을 쑤셔 넣은 것마냥 곧바로 토해내기 마련이다.

    분주하게 사는 사람들은 사는 데 별 관심이 없으며, 제대로 사는 법을 배우는 것만큼 어려운 것도 없다. 그 외의 기술을 습득하는 데는 큰 어려움이 없고, 어디를 가나 좋은 스승들이 존재한다. 그 중에는 미숙한 아이라도 충분히 이해할 수 있는 기술도 있다. 하지만 어떻게 살아야 하는지를 제대로 배우려면 평생이 걸린다. 더욱 놀라운 것은 어떻게 죽음을 맞이해야 하는지 배우는 데도 평생이 걸린다는 사실이다.

28

제대로 사는 법을 모른다고
부끄러워하지 마라

많은 위대한 인물들은 온갖 역경을 이겨냈고 부와 공적인 자리, 쾌락을 멀리하고 삶의 끝자락에 이를 때까지 어떻게 살아야 하는지를 배우는 데 몰두했다. 하지만 대부분은 삶을 마감하는 순간까지도 제대로 사는 법을 배우지 못했다고 고백하며 세상을 뒤로했다. 그러니 평범한 이들이 사는 법을 제대로 모르는 것은 어찌 보면 당연한 일이다.

29

주어진 시간에
충실하라

인간적인 과오를 완전히 초월한 사람들만이 자기 수명을 어디에도 빼앗기지 않을 수 있는 능력을 갖추고 있다. 그들이 아주 오랜 인생을 살아갈 수 있는 것은 바로 자신에게 주어진 시간을 스스로를 위해 아낌없이 바치기 때문이다. 하릴없이 흘려보내거나 빈둥거리는 시간, 타인의 손에 좌우되는 시간 따위는 전혀 남겨두지 않는다. 그것들이 자신에게 주어진 시간과 바꿀 정도로 가치 있는 것이 아니라는 점을 깨달았기에 애초에 주어진 시간만 경제적으로 관리한다.

그런 사람들은 본인이 가진 것에 충실하고 만족한다. 하지만 다른 사람들에게 자기 시간을 많이 빼앗긴 사람들은 언제나 자신에게 주어진 시간이 부족하다고 느낄 수밖에 없다.

다른 사람들에게 자기 시간을 많이 빼앗긴 사람들은

언제나 자신에게 주어진 시간이 부족하다고 느낄 수밖에 없다.

30

자신의 손해를
누군가는 눈치채고 있다

그렇다고 누구나 자신이 손해를 보고 있다는 사실을 전혀 눈치채지 못할 거라고 단언해서는 안 된다. 그도 그럴 것이 엄청난 부의 무게에 눌려서 수많은 군중들 가운데 혹은 법정에서 간절한 목소리로 변론을 하다가 또는 명예를 지키기 위해 힘들게 싸우다가 "이렇게는 도저히 살 수가 없다."라고 큰소리로 탄식하는 목소리를 종종 들을 수 있기 때문이다.

31

남은 인생이
얼마나 되는지 가늠해보라

물론 도저히 그렇게 살 수는 없을 것이다. 우리를 간절히 필요로 하는 자들은 우리의 것을 하나둘 빼앗아가기 바쁜 법이다. 자기 유산을 노리는 자들을 자극하기 위해서 꾀병을 부리느라 얼마나 많은 시간을 빼앗겨야 했을까? 또 진실한 벗도 아니면서 남들에게 잘난 척을 하고 싶어 당신을 찾아오느라 바빴던 자들에게 얼마나 많은 시간을 빼앗겼는가? 제발 우리에게 남은 인생이 얼마나 되는지 가늠해보라. 그러면 앞으로 시간이 별로 없다는 사실을 깨달을 수 있을 것이다.

32

누구나 현재에
만족하지 못한다

그토록 바라던 높은 지위를 얻고도 곧바로 그 자리에서 벗어나고 싶어 입버릇처럼 "언제쯤 올해가 다 가려나?"라고 말하는 사람들이 있다. 큰 대회에 출전할 기회를 얻는 것이 엄청난 행운임을 알면서도 "언제쯤 이 대회가 끝날까?"라고 말하는 사람도 있다. 어마어마한 군중들이 몰려들어 자기 목소리가 제대로 들리지도 않을 정도로 거대한 토론장에 서서 '언제쯤 오늘 재판이 끝날까?' 하고 속으로 걱정하는 변호인도 분명히 있다. 이렇듯 누구나 바쁘게 인생을 살지만 현재에 만족하지 못하고 미래에 대해 막연한 기대감을 품기 마련이다.

33

하루가 충실한 사람들은
내일을 두려워하지 않는다

하지만 매순간을 자신의 필요에 따라 보내고, 오늘 하루를 인생의 마지막 날인 것처럼 꾸려나가는 사람은 내일을 기다리지도 두려워하지도 않는다. 지금보다 더욱 새롭고 즐거운 시간이 어디 있을까? 전부 아는 것들이고 마음껏 누렸던 것들인데 말이다. 앞으로 남은 시간은 그저 행운의 여신의 손에 맡겨두어야 할 부분일 뿐이다.

지금 이 순간 주어진 하루를 충실히 사는 자들은 확고하다. 지금보다 더 가질 수는 있어도 그들에게서 무언가 빼앗을 수는 없다. 만약 조금 더 얻는다고 해도 충분히 배가 부른 사람에게 음식을 더 주는 꼴이다. 그들은 그저 주는 대로 받을 뿐 간절하게 바라지도 않는다.

34

오래 살아남지 말고
제대로 인생을 살라

그렇기 때문에 백발이 성성한 머리카락이나 깊은 주름만 보고 살만큼 살았다고 섣불리 판단해서는 안 된다. 백발의 노인은 그저 오래 살아남은 것이지 제대로 인생을 살았다고는 단언할 수 없기 때문이다.

출항하자마자 거센 폭풍우를 만나 사방에서 불어오는 바람에 실려 똑같은 자리를 빙빙 맴돌며 표류했다고 해서, 오랜 항해를 마쳤다고 볼 수는 없는 일이 아닌가. 그저 물에 오래 떠 있었던 것이지 제대로 항해를 한 것은 아닐 테니까 말이다.

Lucius Annaeus Seneca

· 4장 ·

지금
이 순간을
충만하게
살아라

35

눈에 보이지 않는다고
하찮게 여기지 마라

누군가 시간을 좀 내달라고 요청하고, 이에 순순히 응하는 사람들을 볼 때마다 놀라움을 금할 수 없다. 군이 시간을 할애해서 만나야 하는 이유가 무엇인지는 알지만 시간 자체에 대해서는 자각하지 못하기 때문이다. 다들 남의 시간을 구하는 것, 그리고 자신의 시간을 할애하는 것이 별것 아니라고 생각하는 모양이다. 세상에서 가장 소중한 것을 가지고도 이를 제대로 보지 못하는 이유는 시간 자체에 형체가 없어 눈에 보이지 않기 때문이리라. 그렇기 때문에 사람들은 시간을 별 가치 없고 아무 곳에나 써도 되는 것처럼 하찮게 여긴다.

36

시간에 가치를 두지 않고
헤프게 쓰는 사람들

　모두들 기꺼이 임금을 받고 보너스를 챙기며 그에 대한 대가로 노동력과 수고 혹은 서비스를 제공한다. 그러나 그 누구도 시간에 가치를 두지는 않으며, 시간이 아무것도 아닌 것처럼 헤프게 사용하고 있다. 하지만 그 사람들이 병에 걸려서 죽음을 목전에 두면 의사의 무릎에 매달리고 어떻게든 사형 선고를 면하기 위해서 자신의 전 재산을 흔쾌히 투척한다. 이런 행동은 인간 감정의 모순된 부분을 보여주는 것이다.

37

언제 끝이 보일지 모르는
인생을 사는 우리

지금까지 살아온 날들을 하루하루 세어볼 수 있듯이 앞으로 남은 세월을 세어볼 수 있다면 앞으로 남은 날이 얼마 없는 사람은 엄청난 두려움을 느끼고 남은 인생을 알뜰히 보내려고 할 것이다. 제아무리 소소한 것이라도 자신에게 주어진 것이 지극히 제한되어 있다면 알뜰히 사용하기 마련이다. 그러니까 언제 끝이 보일지 모르는 인생을 사는 우리들은 더더욱 시간을 신중하게 사용해야만 한다.

38

자신의 시간을
더욱더 소중히 하라

그렇다고 모든 사람들이 시간의 소중함을 모르고 있다고 단정해서는 안 될 일이다. 사람들은 입버릇처럼 자신이 가장 사랑하는 사람을 위해서 인생의 일부를 바치겠노라고 말한다. 그건 시간에 대해 제대로 알지 못하고 떠드는 이야기다. 자신의 시간을 내어준다는 것은 타인에게는 아무 도움이 되지 않을뿐더러 그저 자신의 것을 떼어내는 것일 따름이다. 어쩌면 무엇을 잃는지 모르기 때문에 그나마 견딜 만한 것일지도 모른다.

39

다시 되돌아갈 수도
멈출 수도 없다

그 누구도 지나간 세월을 돌려주지 않으며 당신을 과거로 되돌려놓지 못한다. 우리 인생은 처음 시작점에서 그대로 흘러갈 것이며 다시 되돌아가거나 멈추어 서지도 않을 것이다. 인생이란 정확히 어느 정도 속도로 가는지도 알리지 않은 채 고요하게 흘러간다. 왕의 지시를 받는다고 해서 국민들이 간청한다고 해서 인생이 더해지지도 않는다. 맨 처음 세상에 태어나서 인생을 시작한 대로 시간은 계속 달려가고, 방향을 바꾸거나 한 곳에 머물지 않는다.

그 결과는 어떠할 것인가? 우리는 정신없이 분주하고 시간은 계속 흐르고 있다. 그러다 어느 지점에 이르면 원하든 원치 않든 마지막 순간을 맞이해야만 한다.

언제 끝이 보일지 모르는 인생을 사는 우리들은

더더욱 시간을 신중하게 사용해야만 한다.

40

다가올 미래를 위해
현재를 버리지 마라

자신의 선견지명을 떠벌리는 것보다 더 생각 없는 행동이 있을까? 누구나 더 나은 삶을 살기 위해서 정신없이 바쁘게 지내지만 남은 인생을 준비한다는 미명하에 현재의 삶을 소비하고 있다. 먼 미래를 위해 계획을 세우기도 하지만, 인생에서 가장 큰 낭비는 오늘 할 일을 뒤로 미루는 것이다. 이는 자신에게 주어진 하루를 하나씩 내던지는 것이며, 앞으로 다가올 미래 때문에 주어진 현재를 버리는 것이다.

미래에 대한 기대로 사는 것은 현재를 사는 데 가장 큰 장애물이며 내일에 기대어 오늘 하루를 낭비하는 것과 같다. 행운의 여신의 손에 자기 미래를 맡기고 자신의 수중에 놓인 것을 흘려보내는 꼴이다. 우리는 어디를 보고 있는가? 우리의 목표는 무엇인가? 앞으로 다가올 미래는 그 누구도 알지 못하는 법이다. 지금 이 순간을 살아라!

41

시간은 붙잡는다고 해도
도망간다

　가장 훌륭한 시인 베르길리우스는 신들로부터 영감을 얻은 후 우리를 위해 노래를 불렀다. "가련하기 짝이 없는 인간의 인생에서 가장 빛나는 날은 제일 먼저 도망치기 마련이다."

　"무얼 망설이는가?" 베르길리우스는 말한다. "왜 아무것도 하지 않는가? 그대가 시간을 붙잡지 않으면 시간은 저 멀리 도망쳐버릴 것이다." 비록 우리가 시간을 붙잡는다고 해도 시간은 저만큼 도망치기 바쁘다. 그렇기 때문에 우리는 재빠른 시간의 흐름에 맞추어 재빨리 이를 마셔야 하고, 언제 멈추어버릴지 모르는 거센 물살에서 물을 긷는 것처럼 행동해야 한다.

42

우리에게 주어진
오늘을 즐겨라

베르길리우스는 "가장 빛나는 시절"이라는 표현 대신 "가장 빛나는 날"이라고 하며, 하루하루를 헛되이 보내는 인간들의 실수를 점잖게 지적한다. 시시각각 시간이 흘러가고 있는데, 왜 그리 느긋하고 태평하게 한 달을, 한 해를 헛되이 보내고 있는가? 시인은 우리에게 주어진 하루, 지금 이 순간에도 저만치 달아나고 있는 오늘에 대해 이야기하고 있다.

43

마지막은
어느 날 갑자기 다가온다

　가련하기 짝이 없는 인간, 하루가 다르게 바삐 살아가는 인간들의 가장 빛나는 날이 제일 먼저 도망간다는 점에 대해 한 치라도 의심할 여지가 있는가? 여전히 마음은 소년과 같은데 어느덧 노년의 세월이 우리 앞에 다가오고, 아무 준비도 대책도 없이 이 시기에 접어든다. 이렇게 갑자기 늙어버릴 거라고는 그 누구도 예상치 못했을 것이다. 결국 우리는 인생의 마지막 시기가 한 걸음씩 다가오는 것을 알아차리지 못한 채, 순식간에 노인이 되어버리고 만다.

44

인생의 끝자락에서
알게 되는 것

여행을 떠난 사람들이 대화를 나누고 책을 읽고 깊이 생각에 잠겨 있다 보면 어느새 목적지에 도달하듯이, 분주하게 하루를 보내고 잠을 자거나 깨어 있는 순간에도 인생은 같은 속도로 빠르게 흐른다. 결국 인생의 끝자락에 이르러서야 이를 깨닫게 될 것이다.

Lucius Annaeus Seneca

5장

정신없이 사는
인간의
인생이
가장 짧다

45

정신없이 사는
인간의 인생은 짧다

내가 말하고자 하는 바를 분류별로 정리해서 그에 따른 증거를 제시할 수만 있다면, 정신없이 살아가는 인간의 인생이 가장 짧다는 점을 얼마든지 증명할 수 있을 것이다. 현재 활동중인 철학자는 아니지만, 과거 훌륭한 철학자 가운데 하나인 파비아누스는 입버릇처럼 말했다. "감정과 맞서 싸울 때는 절대 머뭇거리지 않고 정면 공격을 해야 하며, 작은 부상을 입히는 것에 그치지 않고 저돌적인 공세를 퍼부어야만 완전히 기세를 꺾을 수 있다. 격렬한 감정에 일침을 가하는 것에 그치지 않고 갈기갈기 찢어놓아야만 끝이 나기 때문이다." 따라서 눈에 뻔히 보이는 잘못을 저지르는 사람들을 그저 연민의 대상으로 생각할 것이 아니라 올바른 길로 가도록 가르쳐야 한다.

46

이미 지나간 시간은
돌이킬 수 없다

인생은 과거, 현재, 그리고 미래의 세 가지 시기로 나뉜다. 그 중에서 지금 우리가 사는 현재는 짧고, 앞으로 다가올 미래는 불확실하며, 이미 지나간 과거는 고정되어 있다. 과거는 이미 지나간 시간이라 운명의 여신조차 힘쓸 수 없다. 제아무리 큰 권력을 가졌다고 해도 과거를 돌이킬 수는 없다.

다른 일에 신경 쓰느라 바쁜 사람들은 과거를 돌이켜볼 시간이 없기에 그 사실조차 놓치고 있다. 만약 그럴 시간이 있다고 해도 후회로 가득한 과거를 돌이키는 일은 그리 유쾌하지만은 않을 것이다.

47

과거를 돌이켜보면
과오가 눈에 보인다

    대부분 과오로 흘려보낸 과거의 시간을 돌이켜 생각하려고
하지 않으며, 다시 그 시절을 숙고하고 싶어하지도 않는다. 당
시에는 눈앞에 보이는 순간의 즐거움에 정신을 빼앗겨서 무엇
이 잘못인지 모르고 지나갔지만, 돌이켜보면 우리의 과오가 명
백히 눈에 보일 테니까. 평소 우리를 기만하지 않는 양심에 따
라서 행동하지 않았다면 그 누구라도 과거를 돌이켜보고 싶지
않으리라.

48

방해를 받지도
빼앗기지도 않는 시간

야망에 휩쓸려 무엇인가 소유하려고 애쓰고, 오만하게 남을 경멸하고 절제하지 못하고 남을 이기려 들며, 음흉한 마음으로 타인을 기만하고 탐욕스럽게 약탈을 일삼고 도에 넘는 낭비를 한 적이 있다면 과거를 떠올리는 것이 두려울 수밖에 없다.

하지만 과거는 이미 봉해진 신성한 시간이며 우리에게 다가올 수 있는 온갖 우연을 넘어서 있고, 운명의 여신의 손이 닿지 않는 곳에 존재한다. 지나간 과거는 빈곤과 두려움, 그리고 느닷없이 찾아오는 질병으로부터 안전하다. 누구의 방해를 받을 수도 빼앗길 수도 없는 시간인 동시에 위험할 것 하나 없이 온전히 지속되는 시간이다.

현재 우리 앞에 주어진 시간은 하루하루 다가오고 있으며 찰나의 순간들이 이어진다. 하지만 과거의 시간은 본인이 의지만 있다면 얼마든지 붙잡아 얼마든지 감상할 수 있다. 물론 분주하게 살아가는 이들은 그럴 시간조차 없을 테지만.

49

평온한 마음으로
시간을 쉬게 하라

근심 걱정이 없고 평온한 마음을 가진 사람은 과거의 인생 여정을 마음대로 돌이켜볼 수 있다. 하지만 바쁘게 사는 사람은 무거운 멍에를 뒤집어쓴 것처럼 뒤를 돌아보지도 고개를 숙이지도 못한다. 그들의 인생은 저 깊은 심연 속으로 사라진다.

아무리 많은 물을 쏟아부어도 그 물을 담을 그릇이 없다면 무슨 소용이 있을까? 마찬가지로 아무리 많은 시간을 얻는다고 해도 이를 쉬게 할 곳이 없다면 아무 소용이 없다. 결국 시간은 마음의 갈라진 틈새 사이로 줄줄 흘러내리고 말 테니까 말이다.

과거의 시간은 본인이 의지만 있다면

얼마든지 붙잡아 얼마든지 감상할 수 있다.

50

현재의 시간은
쉼 없이 움직인다

　우리 앞에 주어진 현재의 시간은 짧다. 너무 짧아서 시간이
없는 것처럼 보이기도 한다. 현재라는 시간은 항상 유동적이며
강물처럼 빠르게 흐른다. 현재의 시간은 도착도 하기 전에 존
재를 멈추고 쉼 없이 움직이며, 하늘과 별들처럼 한곳에 머물
지 않으려고 한다.

　그렇기 때문에 현재에만 집착하며 바쁘게 사는 사람들은 순
식간이라 붙잡을 수 없는 현재의 시간에만 연관되어 있다. 하
지만 다른 일들에 마음을 빼앗기기라도 한다면 그조차도 쥐도
새도 모르게 사라져버리고 만다.

51

죽음에 의해
끌려다니지 마라

우리가 사는 인생이 얼마나 짧은지 정말 알고 싶은가? 하루라도 더 살고 싶어 안달하는 사람들을 보라! 살날이 얼마 남지 않은 노인들은 몇 년만 더 살게 해달라고 애걸한다. 자기 나이보다 젊은 것처럼 행동하며 기쁨을 얻고 자신을 기만해가며 운명조차 속일 수 있는 것처럼 행동하기도 한다.

하지만 결국 나약함에 굴복하고 유한한 존재임을 깨달은 후, 겁에 질려 죽음을 맞이한다. 죽음을 맞는 것이 아니라 죽음에 의해 질질 끌려가는 것처럼 말이다. 또한 지금까지 제대로 살지 못했고 너무 바보처럼 살았노라고 후회하며 병상에서 일어나기만 하면 제대로 인생을 즐기며 살 거라고 한다. 정작 제대로 누리지도 못할 것을 얻기 위해 기를 쓰며 살았던 것이 얼마나 헛된 일이었는지 돌이켜보면서 마침내 그간의 노력이 아무짝에도 쓸모없는 것임을 깨닫게 되는 것이다.

52

인생은 짧지만
충분히 즐길 만큼 길다

그렇다면 반대로 여유를 가진 사람들의 삶은 한없이 길지 않겠는가? 다른 무언가에 좌우될 일도 없고, 사방에 흩어져 있지도 않다. 행운의 여신에게 기댈 일도, 무관심으로 인해 잃어버린 일도, 괜한 선심을 쓰느라 낭비하는 일도, 쓸데없이 넘칠 일도 없다. 말하자면 그들은 인생 전체를 투자해 이익을 내고 있는 것이다.

아무리 인생이 짧다고 해도 충분히 즐기고 남을 정도로 길다. 그래서 현인들은 인생의 마지막 순간이 닥쳐도 절대 서두르거나 머뭇거리지 않고 일정하게 걸음을 내딛을 수 있는 것이다.

53

여가를 즐기는 와중에도
바쁘게 움직이는 사람들

지금까지 이야기해온 '온갖 일들로 분주한 사람들'이 누구인지 알고 싶은가? 비단 오후까지 법정을 떠나지 않는 변호사들이나 잘난 척을 하며 지지자들 사이를 비집고 들어가는 자들, 상대편의 지지자들 사이로 야유를 받으며 들어서는 자들만 지칭하는 것은 아니다. 그 중에는 여가를 즐기는 와중에도 바쁘게 움직이는 사람들도 있다. 별장에서 혹은 푹신한 소파에서 오롯이 홀로 있으면서도, 다른 사람들로부터 벗어나 있으면서도 그러는 것은 결국 본인이 문제인 셈이다. 여가를 즐기는 것이 아니라 분주함 속에서 빈둥거리는 꼴이 아닌가!

극소수의 수집광들 때문에 값이 치솟은 청동합금으로 만든 그릇을 구석구석 닦고 녹이 슨 구리조각을 정리하느라 하루 종일을 투자하는 자들도 여가를 즐긴다고 볼 수 있을까? 말하기도 부끄럽지만, 로마의 전통도 아닌 그저 악덕 때문에 고통을 받는 소년들의 결투나 구경하면서 레슬링장에 앉아 있는 자들, 미끈거리는 기름을 바른 레슬링 선수의 나이와 피부색에 맞추어 상대를 정해주는 자들도 여가를 즐기는 것인가? 새로 들어온 선수들에게 먹을 것을 챙겨주는 자들도 여가를 즐기는 걸까?

54

여가를 즐기는 것은
무엇일까?

그렇다면 이것은 어떠한가? 이발소에서 오랜 시간을 보내며, 전날 밤에 자란 머리칼을 솎아내고 한 뭉치의 머리칼을 놓고 논쟁을 벌이고, 헝클어진 머리칼을 정돈하고 텅 빈 부분을 다른 머리카락으로 가리느라 바쁜 자들도 여가를 즐기는 것인가? 간혹 이발사가 실수를 하는 날이면 사람의 목을 베어버린 사람을 대하는 것처럼 머리끝까지 화를 내고는 한다! 그뿐인가, 덥수룩한 갈기 같은 머리칼이 잘못 잘리거나 제대로 정돈이 되지 않거나 멋이 나지 않으면 분통을 터트리기도 한다.

어쩌면 그들 중 일부는 머리카락이 엉망이 되니 국정이 엉망이 되는 것을 바랐을지도 모른다! 또 몇몇은 얼마나 많은 지혜를 머릿속에 담고 있느냐보다 겉치장에 신경을 쓰고 점잖은 모양새보다는 제비처럼 날렵한 차림을 원할 것이다. 빗질이나 거울을 보는 데만 신경 쓰는 자들도 여가를 즐기는 것이라고 말할 수 있을까?

55

각자의 향연에 몰두한 자들에게
여가는 필요 없다

곡을 만들고 음악을 감상하고 노래를 배우는 것에 푹 빠져 있는 자들은 여가를 즐기는 것인가? 훌륭하고 단조로운 목소리를 타고났는데도 억지로 음을 바꾸느라 바쁘고, 머릿속에 떠오르는 리듬에 맞추어 끝없이 손가락을 움직이고, 슬픈 일이나 진지한 일로 모인 자리에서도 노래를 흥얼거리느라 분주하다. 그렇게 각자의 향연에 몰두한 자들에게는 여가 시간을 주고 싶지 않을 지경이다.

은 식기들을 가지런히 배열하고, 잘생기고 어린 시동들의 옷매무새를 가다듬어주고, 요리사가 만든 수퇘지 요리의 차림새를 살피느라 분주한 자들이 여가를 즐긴다고 말하기 힘들다. 말쑥하게 차려입은 소년들이 자신이 맡은 임무를 처리하느라 분주히 돌아다니고, 생고기를 적당한 크기로 잘라 보기 좋게 배열하고 술에 취한 자들이 뱉어낸 토사물을 시동들이 재빨리 치우는 모습을 보고 나면 여가를 즐긴다고 말하기 힘들다. 그

저 남들에게 우아하고 세련된 삶을 살고 있다는 찬사를 듣고
싶은 것뿐이 아닐까? 그런 나쁜 습관은 삶 속에 그대로 파고들
어, 마침내 잠시라도 남들에게 뻐기지 않고는 제대로 먹지도
마시지도 못하는 지경에 이른다.

56

도움을 받는 데 익숙한 사람은
여가를 즐기지 못한다

편한 안락의자에 앉아서 여기저기 돌아다니고 남들의 도움을 받지 않으면 절대 안 되는 것처럼 구는 사람들이나 목욕할 시간, 수영할 시간, 저녁을 먹을 시간까지 누군가 챙겨주어야만 하는 사람들도 여가를 즐긴다고 볼 수 없다. 그저 정신적으로 무력하고 나약해져서 스스로 배가 고픈지도 모르는 사람들일 뿐이다.

이렇듯 남의 도움을 받는 데 익숙해진 나약한 사람들은 욕조에 앉아 있다가 안락의자로 옮겨지고 나서야 "내가 자리에 앉은 건가?"라고 되묻는다고 한다. 자기가 의자에 앉은 건지도 모르는 사람들이 진짜 살아 있고 무엇인가를 보고 있으며 여가를 즐기는 것일까? 정말 몰랐을 수도 있고, 아니면 모른 척했을 수도 있지만 둘 중 어느 쪽이 더 불쌍한지 모를 정도다.

57

진실을 가리는
망각과 향락

그런 자들은 실제로 수많은 일들을 망각하기도 하고 어떤 경우에는 망각한 척하기도 한다. 아마도 악덕을 행하는 것이 진정한 행복의 근거라 생각하고 즐기는 모양이다. 자신이 무슨 짓을 하는지 안다면 남들 눈에 천박하고 경멸스러워 보인다는 것도 알 수 있을 텐데.

어쩌면 어릿광대들의 놀이가 사치하는 자들을 꼬집기 위한 것이라 믿을지도 모른다. 요즘 시대에는 유난히 인간의 악덕이 늘어나는 바람에 상상도 못했던 악행들이 늘어나게 되었고, 오히려 어릿광대들이 많은 부분을 간과한 채로 지극히 제한된 부분만을 흉내 내고 있는 현실이다. 어릿광대들이 풍자하는 부분 중에 놓치는 것이 너무 많다고 탓할 지경이다. 맙소사, 도를 넘은 향락에 찌들어 본인이 의자에 앉은 건지도 모르고 그저 남의 도움에 기대어 살아야 하다니!

58

스스로 즐겨야
진정한 여가다

이런 자들은 진정 여가를 즐기는 것이 아니기에 다른 말로
표현하는 것이 옳다. 그들은 병든 것이고 죽은 것이나 다름없
다. 본인 스스로 여가를 즐기고 있다고 인식해야만 진정한 의
미의 여가다. 남의 말을 들어야만 본인의 상태를 제대로 파악
할 만큼 반쪽짜리 인생이라면 대체 언제쯤 스스로 삶의 주인이
될 수 있을까?

Lucius Annaeus Seneca

· 6장 ·

과연
진정한
여가란
무엇인가?

59

진정한 여가를
즐길 수 있게 하는 철학

철학을 위해서 시간을 할애하는 자들만이 진정 여가를 즐긴다고 볼 수 있다. 그것이야말로 진정 살아 있는 것이다. 그들은 주어진 인생 여정을 잘 지켜낼 뿐만 아니라 한 해 한 해를 더하면서 살아간다. 또 지금까지 보내온 오랜 세월들을 온전히 자신의 것으로 만들었다. 감사하게도 다양한 학파를 창시한 철학자들은 우리가 어떻게 살아야 하는지 다양한 지침을 정리해두었다. 그들의 노력 덕분에 어둠 속에서 빛을 향해 나올 수 있었고, 세상에서 가장 사랑스러운 것들을 향해 나아갈 수 있게 되었다. 동시에 우리는 온갖 세기들을 만끽할 수 있으며 그를 향해 다가갈 수 있다. 마침내 인간의 나약함으로 인한 좁은 경지를 벗어나 고매한 정신을 터득하기 위해 저 광활한 시간 속을 자유롭게 나다닐 수 있게 된 것이다.

60

시간의 흐름은
짧고 덧없다

우리는 소크라테스와 토론을 할 수도 있다. 카르네아데스와 함께 의혹을 해결하고, 에피쿠로스와 함께 평온을 찾고, 스토아 학파들과 함께 인간의 본성을 탐구하고, 키니코스 학파들과 모여 인간의 본성을 넘어서기 위해 힘쓸 수도 있다. 이렇듯 자연은 우리에게 다양한 세기를 공유할 수 있도록 허락한다. 무한하고 영원하며 더 나은 사람들과 함께할 수 있는 기회를 마다하고, 굳이 짧고 덧없는 시간의 흐름에 머물 이유가 있을까?

61

광대한 도시 안을 떠도는
스스로를 괴롭히는 사람들

사회적 임무를 수행하느라 분주하게 돌아다니고, 타인과 스스로를 괴롭히는 자들은 쉽게 흥분한다. 또한 그들은 하루가 멀다 하고 다른 사람의 문지방을 넘나들고, 닫힌 문을 기어이 열고 들어가며 사방으로 떨어진 집을 돌면서 돈 심부름과 안부를 전한다. 그렇게 광대한 도시에서 각기 다른 욕망을 가진 자들을 만나는 것 같지만 사실은 지극히 소수의 사람들만 만나는 꼴이다.

62

자신을 찾아온 사람을
홀대하지 마라

잠에 빠져서, 쾌락을 즐기느라, 마음의 여유가 없어서 그들을 멀리하는 자들이 얼마나 많을 것인가! 마음 졸이며 기다리게 만들어놓고 바쁘다는 핑계로 그냥 지나치는 사람은 또 얼마나 많을까! 어제 마신 술이 깨지 않아서 종일 잠에 취해서 달콤한 잠도 마다하고 그를 찾아온 불쌍한 자를 기다리게 하다가, 집사가 손님이 찾아왔다고 수없이 속삭여야만 그제야 거만하게 하품을 하며 대답할 것이다.

좁은 경지를 벗어나 고매한 정신을 터득하기 위해

저 광활한 시간 속을 자유롭게 나다니는 것이다.

63

세상 누구라도
친구가 되고 싶은 사람

오히려 제논과 피타고라스, 데모크리토스와 고귀한 철학의 대가들과 가까이하며, 아리스토텔레스와 테오프라스토스를 우러러보는 자들이야말로 인생 본연의 임무를 다하고 있다고 생각한다. 그런 자들은 스스로 시간을 내어 자신을 찾아온 손님을 기쁘게 만들고, 만족할 수 있게 만들어줄 것이며 절대 빈손으로 돌아가게 만들지 않을 테니까. 그렇다면 이 세상 누구라도 낮과 밤을 가리지 않고 친구가 되어줄 수 있을 것이다.

64

진리를 알려주고
원하는 것을 얻게 한다

그런 사람들은 절대로 우리에게 죽음을 강요하지 않으며 오히려 죽는 법을 가르쳐줄 것이다. 우리 수명을 깎아내지 않고 오히려 자신의 것을 내어줄 것이다. 그런 사람들과 대화를 나눈다고 해서 위험해지지도 않을 것이고, 존경하는 마음을 품는다고 해서 돈이 들지도 않을 것이다. 원하는 것은 무엇이든 얻을 수 있고, 많은 것을 받아들이지 못한다고 해서 탓하는 법도 없을 것이다.

65

철학자들이 알려주는
영원에 이르는 길

고귀한 철학자들은 영원에 이르는 길을 가르쳐줄 것이며, 아무도 끌어내릴 수 없는 자리에 오르게 해줄 것이다. 이는 유한한 존재인 우리가 더욱 오래 살 수 있고 불멸의 길을 향해 갈 수 있는 유일한 방편이다.

야망을 충족시키기 위해서 공문을 내리고 건축물을 세운다고 해도 언젠가 무너지기 마련이다. 오랜 세월이 지나도 파괴되지 않고 사라지지 않는 것은 아무것도 없다. 하지만 지혜를 바탕으로 이룩한 것들은 세월의 힘을 비껴갈 수 있다. 아무리 오랜 시간이 지난다고 해도 지혜로움은 사라지거나 줄어들지 않는다. 오히려 세대를 거듭해 나가며 더욱 존경심을 얻게 될 것이다. 자신의 손에 닿는 것은 질투의 대상이 되기 쉽지만 자신의 손이 닿지 않는 곳에 있는 것은 오로지 경탄의 대상이 되기 때문이다.

지나간 시간과 주어진 시간, 그리고 다가올 시간

지혜를 바탕으로 이룩한 것들은 세월의 힘을 비껴가기에 철학자의 삶은 광활한 수준으로 연장되기 마련이다. 그들은 다른 인간의 삶을 지배하는 법칙에서 자유롭다. 또한 모든 시대가 그를 신처럼 경배한다. 현자들은 지나간 시간을 기억 속에 소중히 품고, 주어진 시간을 잘 활용하고, 앞으로 다가올 시간을 손꼽아 기다린다. 모든 시간을 하나로 결합시켜서 인생을 더욱 길게 연장할 수 있는 것이다.

Lucius Annaeus Seneca

7장

불안함 속에서
소유한 자들의
인생은
짧다

67

인생의 끝자락에서
깨닫게 되는 것

지나간 과거를 쉽게 잊고, 주어진 현재의 시간을 소홀히 하
며, 미래의 시간을 두려워하는 자들의 인생은 짧고 불안할 수
밖에 없다. 가련하게도 그런 자들은 인생의 끝자락에 이르러서
야 지금까지 아무 일도 하지 못하고 그저 분주하게만 살았다는
것을 깨닫게 된다.

죽음을 구한다는 것은
죽음을 두려워한다는 것이다

그렇기 때문에 그런 자들이 제발 죽게 해달라고 기도를 한다고 해서 그동안 충분히 살았기 때문이라고 착각해서는 안 된다. 워낙 어리석은 자들이라 죽음에 대한 두려움이 커져서 차라리 스스로 죽는 편이 낫지 않을까 생각하며 괴로워하는 것에 불과하기 때문이다. 그들이 죽음을 구하는 것은 사실 죽음을 두려워한다는 것의 반증이다.

69

충분히 살았다는
생각은 버려라

하루가 너무 길게 느껴진다고 해서, 저녁 식사 시간이 될 때까지 오래 기다리는 것이 불편하다고 해서 충분히 살았다고 생각해서도 안 된다. 만약 지금의 관심사들이 시들해지고 할 일이 없어지면 몸을 비비 틀면서 남은 시간을 주체하지 못하고 안달할 것이다. 검투사들의 경기 일정을 얼마 앞두지 않고 혹은 볼만한 구경거리나 재미난 일이 생기기를 기다릴 때 시간이 제발 빨리 지나기를 바라는 것과 같은 맥락이다.

미래의 시간을 두려워하는 자들의 인생은

짧고 불안할 수밖에 없다.

70

쾌락의 순간은
너무나 짧고 덧없다

이처럼 간절히 원하는 일을 미룬다는 것은 굉장히 지루한 일이 될 것이다. 하지만 쾌락의 순간은 너무나 짧고 덧없는 것이며, 소소한 잘못이 더해져 더욱 줄어들게 마련이다. 그들은 하나의 쾌락에 만족하지 못하고 여기저기 기웃거리고 한군데 정착하지 못한다. 그래서 낮이 길게 느껴질 뿐만 아니라 싫어 죽겠다고 느낄 것이다. 반대로 술집에 가서 여자 품에 안겨 술을 퍼마시며 보내는 시간은 너무도 짧게 느껴질 것이다.

71

인간의 악덕에
불 지피지 마라

이렇게 잘못된 이야기로 인간들에게 변명거리를 제공하는 광기 어린 시인들에게도 문제가 있다. 시인들은 주피터, 즉 제우스가 애인의 품에 안겨 사랑을 나누고 싶은 욕심이 지나쳐서 밤을 두 배로 늘린 것이라고 표현했다. 이렇듯 신의 이야기를 본보기로 삼아서 그들의 병적인 욕망을 허락하고 용인한다면 인간의 악덕에 불을 지피는 것이 아닐까? 엄청난 대가를 치르고 얻은 밤들이 그들에게는 너무나 짧은 것으로 보이지 않겠는가? 어두운 밤을 기다리느라 낮 시간을 허비했고, 또 밤에는 낮을 기다리며 두려움에 떨 테니까 말이다.

72

끝날 것이라는 두려움에
사로잡힐 필요 없다

그런 자들은 쾌락을 즐기면서도 온통 불안하고 두렵기만 할 것이다. 최고로 신이 나야 할 순간에도 불안에 잠겨 이렇게 생각한다. "언제까지 이 시간이 계속될까?"

최강의 권력을 손에 쥔 왕들도 그런 이유로 자신의 신세를 한탄했던 것이다. 왕들마저도 자신이 가진 엄청난 행운을 제대로 만끽하지 못하고 언젠가 끝날 것이라는 두려움에 사로잡혀 살았다.

73

앞날을 걱정하기보다
현재에서 잘하라

페르시아인들의 거만한 왕 크세르크세스는 드넓은 평야를 메운 수없이 많은 군사들을 보며 눈물을 흘렸다. 백 년이 지나면 저 젊은 병사들 중에서 하나도 살아 있지 못하리라는 사실을 직감했기 때문이다. 하지만 그는 젊은 병사들을 바다로 혹은 육지로 보내서 전장에서 혹은 도망치다가 죽음을 맞이하게 만들었다. 백 년 앞을 내다보지 못할 군사력에 두려워하던 그가 오히려 자신의 병사들을 짧은 시간에 몰살시키고 만 것이다.

74

단단한 기초 위에
모든 것은 있어야 한다

이렇듯 엄청난 힘을 가진 권력자들조차 즐거움을 느끼지 못하고 두려워하는 이유는 무엇일까? 힘의 기초가 견고하지 못하고, 별다른 이유 없이 갑자기 힘이 생겼다가 소리 없이 사라지기 때문이다. 그렇게 엄청난 힘을 가지고 인간의 경지를 넘어서는 순간에도 순수하지 못한데, 정작 본인 입으로 불행을 말하는 순간에는 어떠할 것인가?

75

지키기 위해 노력하는 삶은
짧고 비참하다

그렇기 때문에 남들은 꿈도 꾸지 못할 엄청난 축복을 받았어도 불행할 테고 행복이 최고조에 이른 순간도 쉽사리 현실을 믿지 못한다. 자신의 손에 쥔 하나를 지키기 위해서 다른 하나가 필요하고, 하나의 소원을 이루고 나면 또 다른 기도를 시작한다.

가장 높이 오른 것일수록 더 쉽사리 추락하기 마련이다. 하지만 그 추락이 남에게 즐거움을 주지는 못한다. 무언가를 어렵사리 성취한 자들은 이를 지키기 위해서 부단히 노력해야 하기에 그들의 인생은 매우 짧고 비참할 수밖에 없는 것이다.

76

가리려 하지 말고
현실을 직시하라

그렇게 힘들게 무엇인가를 성취하고 이를 불안함 속에서 소유하고 있는 자들은 다시는 돌아오지 않을 시간은 전혀 고려하지 않는다. 따라서 예전에 하던 일이 떨어지면 새로운 일감을 찾고, 과거의 야망을 새로운 야망으로 바꾸고는 한다. 자신의 비참한 상황을 정리하려고 하기보다 그저 새로운 무엇인가로 대체해버리고 마는 탓이다.

Lucius Annaeus Seneca

· 8장 ·

내 인생에서
오롯이
내 것인 것을
살펴보자

77

우리의 미덕으로
무엇을 할 수 있을까?

이제 무지한 대중들로부터 벗어나야 한다. 풍랑에 휩쓸리며 온갖 일을 다 겪었다면 다시 잔잔한 항구로 돌아가자. 지금까지 사적인 부분에서 혹은 다른 사람들과 함께하는 자리에서 떠오른 생각 때문에 얼마나 많은 파도를 이겨내야 했고, 얼마나 많은 폭풍에 맞서야 했던가! 지금까지 쉬지 않고 열심히 뛰며 충분히 노력했으니 이제는 여가를 즐기며 우리의 미덕으로 무엇을 할 수 있는지 시험해보라. 우리 삶의 대부분을 국가를 위해 바쳤다면 이제는 남은 일부라도 스스로를 위해 투자하라.

지금까지 쉬지 않고 열심히 뛰며 충분히 노력했으니

이제는 우리의 미덕으로 무엇을 할 수 있는지 시험해보라.

78

쾌락과 나태함은
진정한 의미의 휴식이 아니다

그렇다고 하는 일 없이 빈둥거리고 나태하게 보내라는 뜻은 아니다. 타고난 재능을 무지한 대중들이나 즐기는 쾌락 속에 묻어버리라는 것도 아니다. 그건 진정한 의미의 휴식이 아니다. 여러분은 지금까지 최선을 다해서 노력했던 일들보다 더욱 큰 목표를 발견하게 될 것이며, 이는 현재의 업무에서 한 걸음 물러나 평온한 마음을 가져야만 성취할 수 있다.

79

먼저 자기 인생의
창고를 돌아보라

당신은 온 세상의 자질구레한 일들을 사적인 감정 하나 보태지 않고 자신의 것처럼 꼼꼼하게 양심적으로 처리하고 있다. 그뿐인가! 공직에 오른 자들은 남에게 미움을 사기 마련인데도 충분히 대중에게 호감을 얻고 있다. 하지만 나의 조언을 귀담아들어라. 국가의 창고에 얼마나 많은 곡식이 비축되었는지 가늠하는 것보다 자기 인생의 창고를 돌아보는 것이 우선이다.

80

가끔은 한 걸음
물러설 필요도 있다

더 평온하고 안전하고 위대한 일을 위해서 한 걸음 물러서라! 일꾼들의 속임수나 부주의로 곡식들이 손상되지 않았는지, 그대로 창고로 옮겨 곡식에 습기가 차거나 열에 상하지 않도록 보관하고 곡식의 무게와 양이 처음과 일치하는지 살피는 일 따위가 성스럽고 숭고한 철학을 접하는 것처럼 중요하다고 생각하는가?

철학은 만물의 실체와 의지, 성질과 형태를 파악할 수 있게 해준다. 앞으로 우리들의 영혼이 어떤 운명을 맞이할지, 육신에서 해방되고 나면 자연이 우리를 어디로 데려갈지도 알려줄 것이다. 그뿐만 아니라 도대체 어떤 거대한 힘이 한가운데서 우주를 지탱하고 있으며 가벼운 성분들을 공중에 떠다니게 하는지, 또 어떤 힘이 뜨거운 것은 머리 위에서 타오르게 만들고 별자리들이 위치를 바꿀 수 있도록 하는 것인지 온갖 경이로운 이치를 가르쳐줄 것이다.

81

마음의 눈으로
철학을 보라

이리로 와서 바닥에 고정되어 있던 눈동자를 들어 마음의 눈으로 철학을 보라! 뜨거운 피가 흐르는 동안 우리는 더 고매한 것을 향해 나아가야 한다. 그렇게 살다 보면 수많은 고귀한 학문들과 미덕에 대한 사랑과 실천, 욕정을 잊는 방법, 생사에 대한 이해와 마음의 평온을 얻을 수 있을 것이다.

82

자신의 인생과
오롯이 내 것만을 보라

다른 일 때문에 분주한 사람들은 모두 가련한 존재들이다. 그 중에서도 가장 가련한 자들은 자기 일이 아니라 남의 수면 시간에 맞추어 잠을 자고, 다른 사람의 걸음걸이에 맞추어 걷고, 가장 자유로워야 할 사랑과 증오에서도 남의 말에 따라야 하는 자들이다. 만약 자신의 인생이 얼마나 짧은 것인지 알고 싶다면, 내 인생에서 오롯이 내 것인 부분이 얼마나 적은지 살펴보면 될 일이다.

83

인생을 희생한 자리를
부러워 마라

　법관의 옷을 입고 돌아다닌다고 해서, 토론장에서 이름이 자주 오르내린다고 해서 부러워할 이유가 없다. 그들은 자기 인생을 희생해서 그 자리를 얻은 것이니까 말이다. 한 해 동안 자기 이름이 널리 알려지게 하려고 앞으로 남은 평생을 희생해야 할 것이다. 그 중에서는 오랜 노력 끝에 꿈꾸던 최고의 자리에 오르기도 전에 초반부터 나가떨어지는 자들도 있을 것이다. 또한 셀 수 없는 수모를 겪으며 최고의 권력을 얻고 나면 그럴듯한 묘비명 하나 남기자고 지금껏 생고생한 건가 싶어 비참한 기분이 들 수도 있다. 더러는 스스로 노인이 되었다는 사실을 모르고 갖가지 희망찬 계획을 세워 무리하게 일을 벌이다가 우연히 본인의 나약함을 깨닫게 될 것이다.

내 인생에서 오롯이 내 것인 부분이

얼마나 적은지 살펴보면 될 일이다.

84

자신의 한계를
드러냄을 부끄러워하라

지긋한 나이의 변호인이 생판 남인 소송인의 승소를 위해서
죽어라 변론을 하거나 무지몽매한 청중들의 박수갈채를 얻으
려고 기를 쓰다가 재판정에서 죽음을 맞는다면 얼마나 추한 광
경일까? 평소 생활습관 때문에 완전히 에너지가 고갈되어서
자기 임무를 수행하던 도중에 쓰러진다면 그 얼마나 부끄러운
일인가? 평생 장부에 적힌 숫자만 세어보던 사람이 세상을 떠
나자, 이를 오랫동안 기다려왔던 상속인이 회심의 미소를 짓는
장면 또한 부끄러운 것이 아닐 수 없다.

85

헛된 희망에 목숨을 거는
부질없는 짓

　남이 가진 것을 빼앗고 빼앗기면서 서로의 여가를 망치고 불행하게 만드는 사이에 우리들의 인생은 아무런 소득도, 즐거움도, 정서적인 발전도 없이 지나가버리고 만다. 그 누구도 저만치 앞에 다가온 죽음에 대해 개의치 않으며 눈에 보이지 않는 헛된 희망에 목숨을 건다. 그리고 죽음 후의 일들, 으리으리한 묘 자리, 공적인 업적을 기증하는 것, 화장터 옆에서 벌어지게 될 화려한 검투 경기, 그럴듯한 장례식에 대비하고 있다. 하지만 너무나 짧은 인생을 살아갔던 자들에게 어울릴 법한 장례식은 뜨거운 횃불과 촛불만 밝히고 치러져야 마땅할 것이다.

Lucius Annaeus Seneca

9장

마음을
다스리면
평온을
얻을 수 있다

86

인내는
용기와 습관을 알려준다

　인생을 살다가 극도로 어려운 순간에 놓인다고 가정해보자. 자신도 모르게 사적인 이유나 공적인 이유로 함부로 끊어낼 수도 폭발할 수도 없는 경우에 처했다면 어떻게 할 것인가? 감옥에 갇힌 죄수도 처음에는 발목을 묶고 있는 쇠사슬의 무게로 힘들어 하지만 이를 거부하지 않고 묵묵히 견뎌내기로 결심하면 필연은 우리에게 용감하게 맞설 수 있는 법을 가르쳐주고, 습관을 통해 쉽게 견딜 수 있게 해준다. 어떤 종류의 삶을 선택하든 힘든 일을 가볍게 여기고 증오하지 않는다면 언제라도 즐거움과 여유, 그리고 기쁨을 발견할 수 있을 것이다.

87

고통은 시간으로
적응할 수 있다

자연은 인간이 태생적으로 고난을 겪어야 한다는 점을 알고 있다. 그래서 우리로 하여금 습관이라는 것을 체득하도록 만들어 혹여 엄청난 고통을 받더라도 일정 시간이 지나면 적응할 수 있게 최고의 선물을 준 것이다. 만약 불행이 닥친 순간부터 계속 똑같은 강도로 우리를 괴롭힌다면 누구도 버티지 못할 것이다.

88

인간은 모두
종속되어 있다

우리는 운명의 사슬에 묶여 있다. 어떤 사람은 느슨한 금 사슬에 묶여 살아가고, 또 어떤 사람은 팽팽한 철 사슬에 묶여 살아간다. 하지만 그 또한 무슨 소용인가?

인간은 모두 똑같은 포로이며, 다른 사람을 묶은 자도 스스로 얽매여 있기 마련이다. 그저 한 손이 조금 더 가벼운 상태일 뿐이다. 누구는 높은 관직에 매여 살고, 또 누구는 부유함에 매여 살고, 어떤 사람은 고귀한 태생의 무게에 눌려 살고 혹은 출신 성분이 미천하다는 이유로 상처받는다. 어떤 사람은 엄청난 권력을 가진 자의 기세에 눌려 살고, 어떤 사람은 스스로 지배하며 산다. 누구는 저 멀리 귀향을 가서 살고 또는 사제가 되어 속세를 등지고 살아간다. 인간은 모두 어딘가에 종속되어 있다.

89

주어진 환경 속에서
장점을 찾아라

그렇기 때문에 우리는 주어진 환경에 적응하고, 가능한 불평불만을 자제하며 주어진 환경 속에서 장점을 찾으려고 노력해야 한다. 제아무리 힘들고 괴로운 일이라고 해도 마음을 다스리면 평온을 얻을 수 있다.

손바닥만 한 땅도 제대로 활용할 방법만 찾는다면 다양한 용도로 쓸 수 있고, 좁은 공간도 솜씨 좋게 배분하면 살 만한 공간으로 만들 수 있다. 고난이 닥치면 이성을 발휘해야 한다. 이성을 통해 어려운 일을 유연하게 해결해야 한다. 좁은 문도 결국 넓어지고, 무거운 짐도 머리를 쓰면 가벼워지기 마련이다.

90

욕망은
결국 허상이다

우리가 가진 욕망을 저 멀리 떠돌게 하지 말고 되도록 가까운 곳에 두어라. 욕망이란 한군데 묶어두기 힘든 법이다. 아무리 노력해도 이루기 힘든 것들은 포기하고, 조금만 노력하면 될 법한 것들에 집중하라. 다만 욕망이란 모름지기 겉보기에는 저마다 다르게 보이지만 허상에 불과하다는 점을 기억해야 할 것이다.

저만치 높은 곳에 있는 사람을 시기하지 마라. 그들이 서 있는 곳이 바로 낭떠러지인지도 모른다.

91

더 나은 미래를 위한 노력이
평온함을 만든다

반대로 불운한 운명 때문에 애매한 위치에 있는 사람들이라면 최대한 오만을 억누르고 본래 자신이 가진 운에 따라 평균을 지키려고 해야 더 안전해질 것이다. 물론 추락하지 않고는 그 자리에서 내려올 수 없어서 억지로 높은 자리를 지켜야 하는 사람들도 많다. 그런 자들은 어쩔 수 없이 남에게 무거운 짐이 되어야 하고, 어쩔 수 없이 높은 자리에 못 박혀 있다는 점을 고백해야 하기 때문에 부담을 느낀다.

우리는 정의와 온화함, 그리고 친절함, 부드러움과 자애로운 선의의 손을 빌어 더 나은 미래를 맞이하기 위해서 노력해야 할 것이다. 그렇게 한다면 불안함을 누르고 더 평온한 마음으로 버틸 수 있을 것이다.

92

자신의 한계점에서
스스로 멈춰라

언제 멈추어야 하는지 우연에 맡길 것이 아니라 그전에 스스로 멈추어야 한다. 그렇게 한다면 온갖 욕망으로 마음에 갈등이 일더라도 우리에게 주어진 한계점을 인지하고 불확실한 것들로 가득한 나락으로 떨어지지 않을 수 있다.

Lucius Annaeus Seneca

10장

운명과
말다툼하지
않고
내려놓자

93

모든 것은 잠시
빌려 쓰는 것일 뿐

이제 현인이 아니라 완벽하게 인격이 형성되지 않은 경우, 그리고 지극히 평범한 경우에 대해 이야기해보자. 현인은 두려움에 떨며 한 걸음씩 걸을 필요가 없다. 자신감으로 가득 차서 운명의 여신을 마주하는 것을 주저하지 않으며 결코 물러서지 않기 때문이다. 그도 그럴 것이 현인은 자신이 가진 재산과 소유물, 그리고 사회적 지위뿐만 아니라 본인의 몸과 눈, 손, 그리고 스스로를 특별하게 만드는 모든 것, 그 자신까지도 언제든 사라질 수 있는 것이라 여기기 때문이다. 현인은 자신이 가진 모든 것을 잠시 빌려 쓰는 것이라 생각하고 언제든 불만 없이 내려놓을 마음의 준비가 되어 있다.

94

가치 있는 존재는
주어진 모든 의무에 충실하다

현인은 그 모든 것이 온전히 자신의 것이 아니라는 걸 안다고 해서 스스로를 가치 없는 존재라고 여기지는 않는다. 오히려 신성하고 헌신적인 사람들이 본인이 지켜야 할 것을 소중히 돌보듯 주어진 모든 의무에 충실하다.

내려놓을 준비가
되어 있다

언제라도 가진 것을 돌려달라는 명령이 떨어지면, 현인은 운명에 맞서 반항하지 않고 이렇게 말할 것이다. "지금까지 내가 많은 것을 가지고 누릴 수 있게 해주어 정말 고맙습니다. 내가 가진 모든 것들을 지키기 위해서 엄청난 대가를 치러야 했지만, 운명이 시키는 대로 기꺼이 포기하겠습니다. 이 또한 무한히 감사할 따름입니다. 만약 그 중 하나를 계속 가지고 있으라고 명령하신다면 평생 소중히 돌보도록 하지요. 하지만 그게 아니라면 정성스럽게 세공이 된 은 식기와 조각이 된 식기들, 그리고 집과 식솔들을 전부 돌려드리겠습니다."

만약 자연이 우리에게 주었던 능력을 다시 돌려달라고 말한다면 이렇게 답할 것이다. "처음보다 더 고양된 영혼을 다시 돌려드리겠습니다. 나는 주저하지도 도망치지도 않겠습니다. 자연이 내게 주었던 모든 것을 즐거운 마음으로 돌려드릴 준비가 되어 있습니다."

96

제대로 죽는 법을
알아야 한다

우리가 왔던 곳으로 돌아가는 것이 뭐 그리 힘든가? 제대로 죽는 법을 알지 못하는 사람은 제대로 살 수도 없다. 그렇기 때문에 죽고 사는 문제에 큰 가치를 두기보다는 생사를 덧없는 것이라 여겨야 한다.

키케로는 이렇게 말했다. "전투에 나선 검투사들이 수단 방법을 가리지 않고 살고자 할 때 우리는 적의를 느낀다. 반대로 죽음 자체를 두려워하지 않는 모습을 보이면 무한한 호의를 보인다. 우리도 그와 똑같은 입장에 처해 있다는 것을 깨달아야 할 것이다. 왜냐하면 죽음에 대한 공포가 때로는 우리를 죽음으로 몰고 가는 원인이 되기 때문이다."

현인은 자신이 가진 모든 것을 잠시 빌려 쓰는 것이라 생각하고
언제든 불만 없이 내려놓을 마음의 준비가 되어 있다.

97

평온한 죽음을
맞이하는 법

사악한 운명의 여신은 이렇게 말한다. "왜 그대처럼 천하고 겁 많은 생명체를 살려두어야 하는가? 자기 목덜미를 선뜻 내놓지 못하기에 더 공격당하고 찔려서 다치게 될 것이다. 하지만 겁에 질려 목을 뒤로 빼거나 손으로 막지 않고 대담하게 상대의 칼에 맞선다면 더 오랫동안 살아남아 평온한 죽음을 맞을 수 있을 것이다."

98

죽음을 두려워하면
가치 있는 삶과 멀어진다

죽음을 두려워하는 자는 절대로 가치 있는 삶을 영위할 수 없다. 하지만 세상에 태어나는 순간부터 스스로 유한한 존재라는 것을 인지하고 주어진 조건에 맞추어 사는 사람은 강인한 정신력으로 단련되어 언제 어디서 벌어질지 모르는 일들에 맞설 수 있다. 언젠가 자신에게 벌어질 수도 있는 일에 대비함으로서 엄청난 불운으로 인한 충격을 경감시킬 수 있는 것이다. 항상 불운에 대비하고 있는 사람은 막상 큰일이 닥쳐도 크게 놀라지 않지만 무사태평하게 운이나 바라며 안일하게 사는 사람은 엄청난 충격을 받을 것이다.

99

모든 것은
예고 없이 닥쳐온다

　질병이나 감금, 재앙, 화재로 인한 파괴는 그 어떤 것도 예고 없이 닥치지 않는 법이다. 나 또한 자연이 가져온 격동기 속에 살아온 바 있다. 이웃에서 자주 들리던 죽은 자를 기리는 노랫소리, 횃불과 촛불을 켜고 너무 일찍 세상을 떠나버린 넋을 기리던 장례 행렬들을 잊을 수 없다. 가끔은 지축이 흔들리는 소음과 함께 건물이 무너져 내리기도 했다. 토론장에서, 원로 회의장에서, 혹은 사적인 모임에서 나와 함께했던 많은 사람들이 하룻밤 새 죽음의 밤을 건넜고, 우정을 나누며 악수했던 손들과 찰나의 작별을 해야 했다. 언제나 주변에서 맴돌던 위험들이 자신에게 벌어진다고 그렇게 놀랄 일인가?

100

일어난 후 대비하려 하면
이미 때는 늦다

항해를 시작하는 자들의 대부분은 도중에 폭풍우를 만날지도 모른다는 점을 염두에 두지 않는다. 내가 말하고자 하는 바를 확실히 하기 위해서 다소 질 낮은 작가의 글을 인용하는 것도 그리 나쁘지만은 않으리라. 만약 푸블리우스가 무언극이나 웃음거리, 그리고 싼 좌석을 찾는 관객들을 위한 말장난 습관만 버린다면 여느 비극작가나 희극작가보다 더한 천재성을 보일 수 있을 거라고 믿는다. 실제로 그는 희극과 비극을 통틀어 반드시 새겨두어야 할 만한 대사를 쓴 적도 있는데, 이는 다음과 같다. "누군가에게 닥칠 수 있는 운명은 우리 모두에게 닥칠 수 있다."

만약 이 점을 마음에 새겨 기억하고 날마다 다른 사람들에게 벌어지는 불행한 일들이 언젠가 우리에게도 닥칠 수 있다는 점을 염두에 두고 살아간다면 불운이 닥치기 전에 대비할 수 있을 것이다. 공격을 당한 후에 대비하려 한다면 이미 때는 늦다.

101

부유함과 권력 뒤에는
어둠이 있다

"나한테 이런 일이 생길 줄 몰랐다." 혹은 "나한테 이런 일이 생겼다는 점이 믿기는가?"라고 말한들 무슨 소용이 있을까? 왜 아니라고 생각하는가? 부유함 뒤에는 언제나 궁핍과 빈곤, 구걸이 뒤따르기 마련이다. 관복을 입고 지팡이를 짚고 값비싼 구두를 신은 자들의 뒤에는 불결함이라는 치욕스러운 낙인과 수천 가지의 얼룩, 그리고 극도의 경멸감이 뒤따르기 마련이다. 그 어떤 왕국이 파멸과 전복, 그리고 독재와 사형집행인을 맞이하지 않을 거라고 생각하는가? 이 모든 것들은 서로 멀리 있지 않다. 왕좌에 앉느냐, 아니면 왕좌 아래 엎드리느냐는 간발의 차이일 뿐이다.

102

누구에게나 일어날 수 있는
불행을 조심하라

그렇기 때문에 지금 상황이 언제라도 바뀔 수 있다는 점을 깨닫고 항상 조심해야 한다. 누군가에게 일어날 수 있는 불행은 우리에게도 일어날 수 있다.

과거 폼페이우스보다 더욱 부유한 사람이 있을까? 오랜 친척이자 폼페이우스가 살던 집의 새 주인, 가이우스가 그의 집을 부수고 카이사르의 집을 내주었을 때, 폼페이우스는 당장 마실 물도 빵도 없는 상태였다. 자신이 가진 영토 위로 흘러서 바다와 맞닿는 강물이 있었지만, 마실 물을 구걸해야 했다. 그렇게 폼페이우스는 친척이 내어준 궁전 같은 집에서 갈증과 배고픔에 지쳐 죽어갔다. 그가 배고픔으로 고통받는 사이, 폼페이우스의 재산을 상속받게 될 장본인은 공식적으로 장례를 치르기 위해 열심히 준비하고 있었다.

103

명망 있는 사람이라도
끝은 다르다

과거 최고의 권력을 쥐었던 사람도 다르지 않다. 세야누스
만큼 명망 높고 추앙받는 자리에 있었는가? 원로원의 호위 아
래 집으로 귀가한 세야누스는 그날 밤, 수많은 백성들의 손에
찢겨 죽음을 맞았다. 백성들과 신들이 그에게 엄청난 명예를
주었지만, 그날 이후 티베르 강에 뿌릴 만한 제대로 된 살점 하
나 남지 않았다.

104

스스로를 불운에
내맡기지 마라

한 나라의 왕으로 군림했다고? 생전에 자신의 몸을 불태울 화장용 장작더미가 활활 타올랐다가 꺼지는 것을 보았고 자신의 왕국과 본인의 죽음보다 더욱 오랜 세월을 살았던 리디아왕 크로이소스를 찾아가보라고는 말하지 않겠다. 자신의 왕국을 두려움에 떨게 한 지 일 년 만에 주검으로 전시되었던 누미디아 왕 유구르타를 찾아가보라고도 하지 않겠다. 우리는 호위무사 사이로 끌려가던 아프리카 왕 프톨레마이오스와 아르메니아 왕 미트리다테스를 지켜본 적이 있다. 그 중 하나는 멀리 추방되었고 다른 하나는 무사히 호송해준다는 조건 아래 간절하게 석방을 청했다.

이렇듯 운명의 여신이 언제 울고 웃을지 모르는 인생을 살아간다면, 우리에게 닥칠 수 있는 모든 경우의 수를 헤아려 보아야 한다. 그렇지 않으면 스스로를 불운에 내맡기는 꼴이다. 그 강력한 불운의 힘을 꺾으려면 미래를 내다볼 수 있어야 한다.

행복의 비밀을 알려주는 위대한 고전

세네카의 행복론

루키우스 안나이우스 세네카 지음 | 정영훈 엮음 | 정윤희 옮김 | 값 12,000원

삶과 죽음의 의미 그리고 진정한 행복의 의미가 무엇인지와 같은 인생의 본질적인 질문을 우리 마음속에 던져주는 책이다. 세네카의 주옥같은 글들을 읽다 보면 지금 나에게 닥친 여러 가지 고민들을 딛고 일어설 수 있는 용기와 깨달음을 얻을 수 있다. 가끔 내가 가진 행복이 남들보다 작은 것 같아서 속상할 때, 급작스럽게 찾아온 고난을 이기지 못해 좌절할 때 이 책을 한 번 읽어보자.

치솟는 화에 맞서 내 영혼을 지키는 법

세네카의 화 다스리기

루키우스 안나이우스 세네카 지음 | 강현규 엮음 | 정윤희 옮김 | 값 12,000원

세네카의 책이 쓰인 지 2천 년이 넘는 세월이 흘렀지만 현대인들은 여전히 자신의 화를 통제하지 못하고 많은 문제에 휩싸인 채 살아간다. 세네카는 이 책을 통해 인간에게 화가 왜 불필요한지, 화라는 감정의 실체는 무엇인지, 화의 지배에서 벗어나 화를 통제하고 다스리는 법은 무엇인지를 다양한 예화를 곁들이며 이야기한다. 별것 아닌 일에 쉽게 욱하고, 돌아서면 후회할 일에 쉽게 화를 내는 사람들에게 이 책을 권한다.

리더십과 인간의 진실은 무엇인가

마키아벨리의 군주론

니콜로 마키아벨리 지음 | 김경준 해제 | 서정태 옮김 | 값 12,000원

누구나 잘 알지만 읽지 못했거나 혹은 오해와 편견으로만 대했던 불멸의 고전인 『군주론』이 리더십의 정수를 꿰뚫는 인문서로 다시 태어났다. 완독과 의미 파악이 쉽지 않았던 원문을 5개의 테마로 나누어 새롭게 재편집했으며, 마키아벨리의 추종자임을 자처하는 딜로이트 컨설팅 김경준 대표가 해제를 더했다. 이 책은 인간이 살아가는 현실에 대한 귀중한 통찰력의 원천이 될 것이다.

인생을 어떻게 살아야 할 것인가

에픽테토스의 인생을 바라보는 지혜

에픽테토스 지음 | 강현규 엮음 | 키와 블란츠 옮김 | 값 12,000원

내면의 자유를 추구했던 에픽테토스의 철학과 통찰이 담았다. 현실에 적용 가능한 구체적이고 실천적인 에픽테토스의 철학을 내면에 습득해 필요한 상황이 올 때마다 반사작용처럼 적용할 수 있다면, 그 어떤 역경과 어려움 앞에서도 굴하지 않고 꿋꿋하게 살아남아 최후의 승리자가 될 수 있을 것이다. 현실에 좌절하고 힘들어하는 모든 현대인들에게 에픽테토스의 철학이 담긴 이 책을 권한다.

인간에 대한 위대한 통찰

몽테뉴의 수상록

몽테뉴 지음 | 정영훈 엮음 | 안해린 옮김 | 값 12,000원

가볍지도 과하지도 않은 무게감으로 몽테뉴는 세상사의 다양한 주제들에 대해 본인의 견해를 자신 있고 담담하게 풀어낸다. 이 책을 읽으며 나의 판단이 바른지, 내가 지금 제대로 살고 있는지, 앞으로 어떻게 살아야 하는지 등을 수없이 자문해보자. 원초적인 동시에 삶의 골자가 되는 사유를 함으로써 의식을 환기하고 스스로를 성찰하며 인생의 전반에 대해 배우는 계기가 될 것이다.

불편한 말투에 센스 있게 대처하는 대화법 49가지

말 때문에 상처받지 마라

강지연 지음 | 값 15,000원

이른바 꼰대들의 공격적인 말에 대응해 내 감정을 모두 표현하고 살면 사회생활이 100% 꼬일 수밖에 없다. 심리학 기반의 스피치커뮤니케이션 전문가이자 심리학 박사인 저자는 불편한 사람들과 대차게 맞서 싸우지도 말고, 지혜롭고 센스 있게 공존할 것을 당부한다. 이 책을 통해 하고 싶은 말을 정중하면서도 요령 있게 말하는 기술을 익힌다면 그 어떤 공격적인 말에도 상처받지 않고 나를 지킬 수 있을 것이다.

주변에 사람이 모여드는 말 습관

이쁘게 말하는 당신이 좋다

임영주 지음 | 값 15,000원

말의 원래 모습을 잘 살려 따뜻한 삶을 살고 싶은, 이쁘게 잘 말하고 싶은 사람들을 위한 공감의 책이다. 특히 주변 사람들로부터 "말 좀 제발 이쁘게 하지"라는 말을 한 번이라도 들어본 적 있다면 이 책을 꼭 읽을 것을 권한다. 한 번뿐인 소중한 인생, 우리 모두 '성질'과 '성격'대로 마구 말하는 것이 아니라 '인격'으로 다듬어 말하는 사람, 즉 이쁘게 말하는 사람이 되어보자.

관계의 99%는 감정을 알고 표현하는 것

나도 내 감정과 친해지고 싶다

황선미 지음 | 값 15,000원

감정에 휘둘리지 않고 내 감정과 친구가 되고 싶은, 그래서 행복하게 살고 싶은 사람들을 위한 인생지침서다. 상담학 박사인 저자는 감정에 대해 제대로 알고 친해지는 법을 소개한다. 이 책은 인간이 가진 다양한 감정 중에서도 일상적이며 부정적인 감정들에 대해 이야기하며 부정적인 감정에 휩쓸리지 않고 감정을 잘 받아들이는 것이 핵심이라고 말한다. 이 책을 통해 자신의 감정을 제대로 알고 표현하는 법을 익혀보자.

■ 독자 여러분의 소중한 원고를 기다립니다 ─────────────

메이트북스는 독자 여러분의 소중한 원고를 기다리고 있습니다. 집필을 끝냈거나 집필중인 원고가 있으신 분은 khg0109@hanmail.net으로 원고의 간단한 기획의도와 개요, 연락처 등과 함께 보내주시면 최대한 빨리 검토한 후에 연락드리겠습니다. 머뭇거리지 마시고 언제라도 메이트북스의 문을 두드리시면 반갑게 맞이하겠습니다.

■ 메이트북스 SNS는 보물창고입니다 ─────────────

메이트북스 홈페이지 www.matebooks.co.kr

책에 대한 칼럼 및 신간정보, 베스트셀러 및 스테디셀러 정보뿐만 아니라 저자의 인터뷰 및 책 소개 동영상을 보실 수 있습니다.

메이트북스 유튜브 bit.ly/2qXrcUb

활발하게 업로드되는 저자의 인터뷰, 책 소개 동영상을 통해 책에서는 접할 수 없었던 입체적인 정보들을 경험하실 수 있습니다.

메이트북스 블로그 blog.naver.com/1n1media

1분 전문가 칼럼, 화제의 책, 화제의 동영상 등 독자 여러분을 위해 다양한 콘텐츠를 매일 올리고 있습니다.

메이트북스 네이버 포스트 post.naver.com/1n1media

도서 내용을 재구성해 만든 블로그형, 카드뉴스형 포스트를 통해 유익하고 통찰력 있는 정보들을 경험하실 수 있습니다.

STEP 1. 네이버 검색창 옆의 카메라 모양 아이콘을 누르세요. STEP 2. 스마트렌즈를 통해 각 QR코드를 스캔하시면 됩니다.
STEP 3. 팝업창을 누르시면 메이트북스의 SNS가 나옵니다.